FACULTÉ DE DROIT DE PARIS.

ACTE PUBLIC
POUR LA LICENCE.

L'ACTE PUBLIC, SUR LES MATIÈRES CI-APRÈS, SERA SOUTENU LE SAMEDI 10 DÉCEMBRE 1836, A ONZE HEURES,

PAR Adolphe-L.-J. FONTAINE,

Né a Melun (Seine-et-Marne).

PRÉSIDENT, M. BUGNET, Professeur.

Suffragans,
{ M. MORAND,
M. DURANTON,
M. DEMANTE, } Professeurs.
M. VALETTE, } Suppléant.

Le Candidat répondra en outre aux questions qui lui seront faites sur les autres matières de l'enseignement.

Paris.

IMPRIMERIE DE BEAULÉ ET JUBIN,
Rue du Monceau-Saint-Gervais, 8.

1836.

JUS ROMANUM.

DE LIBERATIONE LEGATA. (D. Lib. 34, Tit. 3.)

Jure veteri dubitatum fuit an a creditore debitori suo legari possent ea quæ debebantur, hoc est liberationem ; quoniam scilicet quod debitor debet, id ipsius proprium est : res autem propria frustra legatur. Verum tandem obtinuit ut et liberatio legari possit, non quasi res ipsa, quæ debetur, legata intelligatur, sed quasi heres quidpiam a debitore exigere censeatur prohibitus.

Est autem liberatio legata donatio quædam, a defuncto relicta, qua debitori ea quæ debet legavit.

Duas species legatum de quo agitur in hoc titulo proprie amplectitur : 1° legatum quo debitori legatur liberatio ; 2° legatum quo quis a rationibus reddendis absolvitur.

Tertia est quoque legati species quæ liberatio legata vocatur abusive, duplicique præcedenti est contraria, hæc scilicet qua debitor creditori legat id quod ipse debet.

CAPUT I.

De illa legati specie qua debitori legatur liberatio.

ART. I.

A testatore legari potest liberatio, non debitori tantum suo, sed et heredis et cujuslibet alterius, vel etiam fidejussori (L. III, § 5; L. IV; L. VIII, in pr.; L. II.).

Liberatione legata et sortes et si quid, ex tempore quo testamentum fiebat, usurarum nomine accessit, legato cedunt (L. XXVIII, § 6; L. XXXI, § 4.). Sed si quis debitori suo ita legavit : *Seio do, lego quidquid sortis et usurarum nomine mihi debebat,* et postea Seius aliam præterea pecuniam a creditore mutuatus sit, hanc pecuniam legatam intelligi non debere haud immerito dixerim (L. XXVIII, § 2.)

Non solum quod debetur remitti potest , verum etiam pars ejus , vel pars obligationis (L. VII , in pr.). Ex quacumque causa quis debitor sit , ei liberatio recte legatur (Arg. de la L. VIII, § 7); etiam ejus rei quæ alternative debetur liberatio relinqui potest , et ab utraque re liberationem parit legatum (Arg. de la l. VII, § 1.).

Cæterum ejus demum rei quæ debetur efficaciter liberatio utiliter relinquitur. Non valet quidem legatum liberationis ejus quæ non debetur. At si legata fuerit liberatio majoris quantitatis quam quæ debetur, valebit legatum liberationis intra eam quantitatem quæ debetur (Arg. de la l. VII, § 2.).

Potest heres damnari ut ad certum tempus vel a solo debitore non petat (L. VIII, § 1 et 3); et, in utroque casu , heres aut heres heredis seu moræ seu defuncti debitoris temporibus exactis debitum exigere poterit. Si quis autem in testamento damnatus est ne a debitore exigat, neque ipsum neque heredem ejus potest convenire (L. XV); quia enim debitoris personæ non cohæret et ad heredem ejus transit id quod legatur (Arg. de la l. VIII, § 3.). Proinde et si verba liberationis *in rem* sint concepta, pro eo est quasi heres ab eo debitore heredeque ejus petere vetitus sit (L. VIII, § 4.).

Nostrum debitorem , ut liberetur, expresse non tantum sed tacito vel etiam per consequentias et inductiones legare possumus (Arg. de la l. III, § 1.); si vero res pignori data legetur debitori a creditore debitum non lucrari debet, nisi testantis voluntas expressa probatave fuerit (Arg. des l. I, § 1 et 20 in pr.).

ART. II.

Est autem liberationis legatæ effectus hic , ut non quidem ipso jure liberetur debitor , seu vero ex testamento actione , seu beneficio exceptionis.

Liberum itaque est legatario cui liberatio legata est, expectata heredis actione, exceptione adversus illam proposita se tueri, vel occupando agere ex testamento adversus heredem ut ab eo per acceptilationem aut pacto liberetur.

Et hoc quidem ita procedit, si unus tantum sit debitor, cui pure liberationem quis legaverit, cum plures existunt debitores, *puta* duo rei promittendi, vel etiam reus et fidejussor, sic distinguendum est :

Aut testator uni tantum consultum voluit quo casu is solus exceptionem habebit, nec poterit agere ut per acceptilationem liberetur, sed tantum pacto in personam concepto, quod neque correo proderit neque fidejussori, nisi correus vel fidejussor regressum habeat adversus legatarium ; et hoc contingit cum correi socii sunt et fidejussor non animo donandi accessit.

Aut omnibus consultum voluit testator, quo casu dubium non est quin omnibus competat vel exceptio doli, vel actio adversus heredem directa, ut per acceptilationem liberentur (*Vide* L. III, § 3.).

Est enim certissima juris regula : *acceptilationem* pro solutione haberi.

ART. III.

Quum non supersit debitum, neque enim superesse res legata potest (Arg. de la L. VII, § 4, et seq.); sed si sub conditione dato legato heres præoccupaverit, et exegerit debitum, aliud dici oportet, quia in arbitrio heredis legatum non esse debet (L. XXI, § 2.). Pariter, si quid post tabulas apertas, ante aditam hereditatem, ab eo qui voluntatem defuncti non ignoravit, fuerit exactum, dolo proximum erit, ideoque repeti potest (L. XXIV.).

CAPUT II.

De illa legati specie qua quis a rationibus reddendis absolvitur.

Cum necessitatem reddendæ rationis defunctus cui remittendam esse petierit, manifesti juris est voluntatem defuncti immutatam esse debere.

Quid autem contineat hoc legatum docet Martianus; ita ille : Si servus vestitus est a testatore rationes reddere, non hoc consequitur, ut ne quod apud eum sit reddat et lucrifaciat; sed ne scrupulosa inquisitio fiat, hoc est ut negligentiæ ratio non habeatur, sed tantum fraudium. Ideo et manumisso non videtur peculium legari, per hoc quod vetitus est rationes reddere.

Item, si heres vetitus sit agere cum eo, qui negotia defuncti gesserit, non videtur obligatio ei prælegata quæ dolo vel ex fraude ejus qui negotia gesserit commissa sit; et testator videtur id sensisse. Ideo si heres *negotiorum gestorum* egisset, agens procurator *ex testamento incerti, doli mali exceptione* excludi potest (L. VIII, § 6); et poterit heres reliquas exigere, nisi damnatus fuerit, quidquid a procuratore exegerit illa vel illa actione id ei restituere vel actionem ei remittere (L. IX.). Idem est de tutore legatario si qua pecunia ex tutela apud eum remansit (L. XXVIII, § 4.).

Hoc vero quo quis a reddendis rationibus liberatur legatum, pro circumstantiis magis aut minus plenam interpretationem recipit.

CAPUT III.

De illa legati specie qua debitor creditori legat id quod ipse debet.

In eo, hæc legati species legato liberationis maxime contraria videtur, quod legatum liberationis ita demum valet, si debitum subsit; illud autem de quo agimus, tunc maxime utile est cum debitum non subest.

Debitor autem non semper quod debet, jure legat; sed ita, si plus sit in legato quam in debito; quippe cum aut modo, aut tempore, aut conditione, aut loco, si non differat legatum a debito, inutiliter scriptum erit. Utile vero erit legatum, si debitor, qui se exceptione perpetua tueri poterat, quod ei deberet creditori legaverit (Arg. des L. XIII et XXV, et des § 13 et 14 de la L. XXVIII.).

DROIT FRANÇAIS.

Des dispositions testamentaires : Code C. , liv. 3, tit. 2, chap. 5, sect. de 1 à 7 inclusivement.—Loi du 25 ventôse an xi, Code de Pr. C., art. 916, 917, 920.

Principes généraux sur les différentes espèces de Testamens.

La faculté de tester est générale ; les seules personnes qui n'en jouissent pas, sont celles à qui la loi l'a refusée expressément (902-967. C. C.).

Le testament est la manifestation écrite de la volonté d'une seule personne, par laquelle cette personne dispose, pour le temps où elle ne sera plus, de la totalité ou de partie de ses biens, et qu'elle peut révoquer (Art. 1er de l'ordonnance de 1735.—895-968. C. C. combinés.).

Pour faire un testament, dit l'art. 901 du même Code, il faut être sain d'esprit.

Pour être capable de recevoir par testament, il faut au moins être conçu à l'époque du décès du testateur (916. C. C.); *esse enim debet cui datur* (L. XIV. D. de jure Codicill.). L'individu qui n'existe que *naturellement* ne peut être l'objet d'une libéralité testamentaire, si ce nest pour cause d'alimens (Art. 25. C. C. §. 3.).

Toute disposition testamentaire sera caduque, si celui en faveur de qui elle est faite n'a pas survécu au testateur; ou si, dans le cas où elle serait faite sous une condition dépendante d'un événement incertain, il décède avant l'accomplissement de la condition (1039-1040. C. C.).

Par l'expression *signé* se rapportant au testament, le législateur a entendu, en règle générale, l'apposition du nom de famille.

Enfin, les formalités auxquelles les dispositions testamentaires sont assujetties, doivent être observées à peine de nullité (1001. C. C.).

(8)

Le Code reconnaît trois espèces principales de testamens, qu'on peut appeler ordinaires, en ce qu'elles sont à l'usage de tous les FRANÇAIS ; c'est à dessein que nous disons les Français, car le Code refusait en principe, aux étrangers, la faculté de tester sur leurs biens situés en France, et ce n'est qu'à la loi du 14 juillet 1819 que ces derniers doivent cette faculté ; loi, qui a dit comme la reine de Carthage :

Tros Tyriusque mihi nullo discrimine agetur.

Ces trois espèces de testamens sont :

Le testament olographe ;
Le testament par acte public ;
Le testament mystique ou secret.

Il en est traité exclusivement dans la section 1ʳᵉ sous la rubrique : *Des règles générales sur la forme des testamens.*

Par des règles particulières, il établit :

La forme du testament militaire ;
La forme du testament fait en temps de peste ;
La forme du testament maritime.

En dernier lieu, il traite d'une espèce en quelque sorte subsidiaire de testament ; c'est celle qui permet aux Français se trouvant en pays étranger de tester par acte authentique, avec les formes usitées dans le lieu où cet acte sera passé, suivant la règle : *locus regit actum.*

Ces quatre dernières espèces de testamens, qu'on peut appeler exceptionnelles, font l'objet exclusif de la section 2 sous la rubrique : *Des règles particulières sur la forme de certains testamens.*

Pour traiter la matière avec méthode et clarté, nous la diviserons en autant de paragraphes que la loi admet de sortes de testamens.

§ Iᵉʳ.

Du testament Olographe.

La forme la plus courte, la plus naturelle, et souvent la plus praticable de tester, est celle du testament olographe.

Pour que ce testament soit valable, il suffit qu'il soit écrit en entier, daté et signé, par le testateur. La loi ne l'assujettit à aucune autre forme; mais il est de rigueur que les trois formalités prescrites soient accomplies; l'omission d'une seule le frapperait de nullité (970-1001. C. C.).

Cela posé, un testament olographe serait nul, s'il contenait un seul mot écrit par une main étrangère, ce mot fût-il superflu; toutefois il faut dire avec Pothier, que pour qu'un interligne écrit d'une autre main viciât le testament, il faudrait qu'il fût constant qu'il en fît partie.

Les abréviations, blancs, lacunes, intervalles, ratures, surcharges, renvois et apostilles, additions et interlignes, faits ou laissés par le testateur, ne sauraient nuire à la validité du testament, si la volonté du testateur s'y manifeste d'une manière claire, précise et déterminée; il n'est pas même nécessaire d'approuver ces ratures, surcharges, etc., pour que l'effet en soit rempli.

Quant aux ratures, elles n'annullent que les dispositions qui en sont l'objet, les autres ne laissent pas de subsister; il est cependant un cas où la non-approbation d'une rature devrait annuler tout le testament.

Par le mot *daté*, le législateur entend l'énonciation de l'année, du mois et du jour que le testateur a voulu assigner à sa disposition, et non celle du lieu où elle est écrite (Argument de l'art. 38 de l'ordonnance de 1735.).

Aucun texte ne s'oppose à ce que la date soit en chiffres.

En principe, l'irrégularité de la date vicie le testament, mais elle peut être rectifiée sur des conjectures ou des inductions tirées de l'acte même, et non d'ailleurs : *ex ipsomet testamento, non aliundè*, dit Dumoulin.

Il y a même à ce sujet une distinction importante à établir entre l'*antidate* et la *postdate : non intendebat antè testari*, peut-on dire au second cas.

Au surplus, dans l'examen à faire pour arriver à la rectification d'une irrégularité de date, il ne faut jamais perdre de vue que le but du législateur, en exigeant que le testament soit daté, est de s'assurer : 1° de la capacité du testateur au jour de la confection du testament ; 2° de la préférence que mérite le testament dont il s'agit, comme étant l'expression de la dernière volonté de son auteur.

La loi ne prescrivant pas la partie du testament où la date doit être placée, elle peut l'être indifféremment au commencement, à la fin, ou dans le corps de l'acte. Mais il nous semble qu'un testament serait nul si la date n'en précédait pas la signature, encore bien que l'une et l'autre fussent écrites de la même encre, et que dès-lors on dût présumer que l'une et l'autre sont d'un même contexte.

Si de deux dispositions ou d'un plus grand nombre, l'une ou plusieurs seulement sont datées et signées, et les autres non datées et non signées, ces dernières seules seront nulles, selon la règle : *utile per inutile non vitiatur.*

De ce que les lois fiscales établissent la contribution du timbre sur tous les papiers destinés aux actes civils et judiciaires, et aux écritures qui peuvent être produites en justice et y faire foi, il ne nous semble pas en résulter qu'on ne puisse, *suivant les circonstances,* écrire des testamens, surtout olographes, sur *toute* autre matière que du papier.

§ II.

Du testament par acte public.

Le testament par acte public est un acte revêtu de la forme authentique.

Indépendamment des dispositions générales à tous les actes notariés, et sous l'influence desquelles, à moins de dérogation expresse ou nécessaire, celui-ci, plus que nul autre, se trouve placé à raison

de son importance, il est des prescriptions qui affectent particulière-
ment le testament, et dont l'accomplissement est la conditon essen-
tielle de son existence, nous ne nous occuperons que de ces dernières,
en les divisant en deux séries. Celles de la première série consistent,
savoir :

La première, en ce que c'est seulement par un notaire, en présence de *quatre* témoins, ou par *deux* notaires en présence de *deux*
témoins ,que la rédaction peut en être faite ; tandis que, suivant la
première partie de l'art. 9 de la loi du 25 ventôse an XI , les autres
actes publics n'exigent, pour présider à leur rédaction, que deux
notaires *sans témoins*, ou un seul notaire assisté de *deux* témoins
seulement.

La deuxième, en ce qu'il doit être *dicté* aux deux notaires, dans le
cas où ils sont deux, ou bien au notaire dans le cas contraire ; et
par nul autre que le testateur lui-même.

La troisième, en ce que, dans le premier cas, il doit être *écrit* par
l'un des deux notaires ; et, dans le second, par le notaire lui-même.

La quatrième, laquelle se subdivise en deux conditions bien dis-
tinctes, en ce qu'il doit en être donné lecture *au testateur*, et *en la
présence des témoins*.

La cinquième, en ce qu'il doit être fait mention expresse de l'observation de toutes les formalités énoncées dans l'art. 972, C. C.

La sixième, en ce que, si le testateur déclare ne savoir ou ne pouvoir signer, il devra être fait, *dans* l'acte, mention expresse de sa
déclaration, ainsi que de *la cause* qui l'empêche de signer ; tandis
que l'art. 14 de la loi de ventôse exige que la mention de la signature
ou de la déclaration de ne savoir ou pouvoir le faire ait lieu, à peine
de nullité (art. 68), *à la fin* de l'acte ; tandis aussi que ce même
art. 14 n'exige aucunement la mention de la cause qui peut empêcher
de signer celui qui sait le faire.

La septième en ce que, dans le cas où le testament est passé dans
les campagnes, il suffit qu'il soit signé par *moitié* des témoins.

Il est d'autres prescriptions que nous ne rangeons pas au nombre des moyens de forme du testament, et que nous distinguerons de celles énumérées ci-dessus, en les qualifiant de conditions de validité *extrinsèques*. Elles composent la seconde série, et peuvent être résumées comme il suit :

Il faut que le testament soit reproduit *tel* qu'il a été dicté; que les témoins appelés soient mâles, majeurs, sujets du roi, jouissant des droits civils; enfin qu'ils n'aient point été pris parmi les légataires ni parmi les parens ou alliés jusqu'au quatrième degré inclusivement, ni parmi les clercs des notaires instrumentaires.

Observons, par rapport aux témoins, les différences notables qui existent entre la loi du 25 ventôse et le Code Civil, au titre des testamens :

L'exclusion établie contre les parens ou alliés s'arrête, dans la loi de ventôse (art. 8 et 10 combinés), après le degré d'oncle ou de neveu, qui est le troisième; dans le Code (art. 975), elle s'étend jusqu'au quatrième degré inclusivement.

Les témoins devant, selon la loi de ventôse, être *citoyens français* (art. 9), il est *indispensable* (art. 68) qu'ils jouissent des *droits politiques*. Suivant l'article 980 du C. C., il suffit que les témoins testamentaires jouissent des *droits civils;* et comme l'art. 975 du même Code, suivant la règle *inclusio unius*, appliquée ici en sens inverse, indépendamment des personnes intéressées et de leurs parens ou alliés jusqu'au quatrième degré, n'a exclu du nombre des témoins capables de figurer dans les testamens publics que les clercs des notaires instrumentaires, il en résulte la conséquence nécessaire que, contrairement à la disposition de l'art. 10 de cette loi, le Code ne fait point obstacle à ce que les *serviteurs*, soit du testateur, soit des légataires ou toutes autres personnes intéressées au testament, soit du notaire lui-même, puissent être pris pour témoins.

Le même art. 9, *in fine*, veut, toujours à peine de nullité, en vertu de l'art. 68; que les témoins appelés aux actes publics ordinaires soient domiciliés dans l'arrondissement communal où l'acte est passé, tandis que l'article 980 n'exige rien autre chose si ce n'est qu'ils soient *sujets du roi*, ou plutôt, ainsi qu'on le lisait dans la loi du 13 floréal an XI, *républicoles*, et même antérieurement, dans l'ordonnance de 1735, art. 40, *régnicoles;* et s'il est vrai que l'expression *sujets du roi* soit moins large qu'aucune de celles de régnicoles ou républicoles, il est incontestable qu'elle est plus large que celle de la loi de ventôse.

Nous constaterons enfin comme circonstance qui, pour paraître bizarre au premier coup-d'œil, n'en est pas moins très-rationnelle, que le MUET qui n'est pas sourd peut, s'il sait écrire, figurer parmi les témoins d'un testament par acte public, encore bien qu'il lui soit interdit à lui-même de tester dans cette forme, puisqu'il ne peut *dicter.*

Quant à celui qui est privé de l'ouïe, sût-il écrire, il ne pourrait servir de témoin dans un testament par acte public, dans l'impossibilité où il se trouverait d'entendre la lecture, ordonnée en présence des témoins, d'un testament passé dans cette forme; et par la même raison, l'obligation imposée au notaire de donner lecture, au testateur de son testament, s'oppose invinciblement à ce qu'il puisse non plus user de ce mode de disposition à cause de mort.

§ III.

Du testament mystique ou secret.

La condition par excellence du testament mystique, est que le testateur sache et puisse lire, afin qu'il soit à même de s'assurer que le testament est l'expression de sa volonté (978 , C. C.).

Cette espèce de testament présente huit formalités qui lui sont propres, et à l'observation desquelles elle est assujettie, à peine de nullité; elles consistent, savoir :

La première, dans la signature du testament par le testateur s'il sait et peut signer;

La deuxième, dans la clôture et le scellement, opérés à l'avance ou en présence du notaire et des témoins;

La troisième, dans la présentation, par le testateur, au notaire et aux témoins, du papier contenant ses dispositions;

La quatrième, dans la déclaration du testateur au notaire et aux témoins, que le papier qu'il leur présente est son testament, avec mention de celle des trois circonstances relatives à l'écriture et à la signature qu'il porte;

La cinquième, dans le dressé de l'acte de suscription par le notaire;

La sixième, dans la nécessité d'écrire ledit acte, soit sur le papier même, soit sur l'enveloppe du testament;

La septième, dans la signature de l'acte de suscription par le testateur, s'il sait et peut signer; et, à défaut par celui-ci de le savoir ou d'avoir pu signer le testament, dans *la signature du septième témoin* appelé à cette fin, avec mention de la cause de sa présence consignée en l'acte de suscription; ou encore, à défaut par le testateur de pouvoir signer à l'acte de suscription, par un empêchement survenu dans l'intervalle de la confection du testament au dressé dudit acte, *dans la mention* de la déclaration spéciale faite par le testateur;

La huitième et dernière, dans la nécessité de l'*unité de contexte*.

Nous observons tout d'abord que, dans aucune de leurs dispositions, les art. 976 et 977 ne font, de la date, une condition de l'existencedu testament mystique de celui qui peut parler. Ce silence se conçoit, lorsqu'on remarque que cette existence est attachée à celle d'un acte notarié qui, aux termes de la loi de ventôse, ne peut pas n'être pas daté. Mais la même raison ne devrait-elle pas militer en faveur du testament de celui qui ne peut parler? Cependant l'art. 979 décide le contraire. C'est une anomalie, une violation du principe : *eadem ratio, idem jus*. Mais ce n'est pas tout, le testament mystique de celui qui ne peut parler devra remplir *toutes* les conditions du testament olographe.

Pour suppléer à l'impossibilité de l'accomplissement de la quatrième des formalités ci-dessus indiquées (la déclaration orale), le testateur devra écrire au haut de l'acte de suscription, en présence du notaire et des témoins, que le papier qu'il présente est son testament, et il devra en être fait mention dans l'acte de suscription.

Le surplus des formalités de cette espèce particulière et exceptionnelle de testament mystique, rentre dans les dispositions de l'art. 976 : ainsi les deuxième, troisième, cinquième, sixième et huitième, ci-dessus indiquées, doivent s'y appliquer.

Un sourd-muet, même de naissance, peut-il tester? Je crois qu'il le peut dans la forme mystique tracée par l'art. 979, malgré l'autorité de Pothier, parce qu'il ne faut pas ajouter à la loi, suivant la maxime *odia restringenda ;* et parce que l'art. 18 de l'ordonnance de 1735 , sous l'empire de laquelle écrivait Pothier, ne distinguait pas entre ceux qui ne sont que muets et ceux qui sont en même temps sourds, qu'il en est de même sous l'empire du Code.

Il n'y a *clôture* d'un testament mystique, dans le sens de la loi, qu'autant qu'il est impossible de substituer un papier à un autre sans altérer l'enveloppe ou le cachet, et il n'y a *scellé* qu'autant que l'objet qui a servi à fermer le testament l'a marqué d'une *empreinte* quelconque. Ce n'est, en effet, que pour reconnaître l'intégrité de ces clôture et empreinte que le notaire et les témoins signataires de l'acte de suscription doivent être appelés à l'ouverture du testament mystique (1007, § 2). L'art. 1001 exige si impérieusement que les formalités auxquelles les divers testamens sont assujettis soient observées, à peine de nullité, que si le testament mystique était seulement *plié*, il serait nul, encore bien que l'acte de suscription se trouvât écrit sur la même feuille que le testament.

Les termes du Code n'étant pas sacramentels, il n'est pas nécessaire de s'en servir. Ainsi, la preuve que la présentation du testament et la déclaration d'identité ont été faites par le testateur, peut résulter *par induction* de l'acte de suscription.

Il n'y aurait point nullité du testament mystique pour défaut de la mention de la lecture au testateur et aux témoins. En cela, le testament rentre sous l'empire du droit commun; il n'y aurait lieu qu'à amende contre le notaire contrevenant.

Celui qui teste dans la forme mystique, ne jouit pas de l'exception introduite par l'art. 974 en faveur de celui qui teste par acte public, de pouvoir, dans les campagnes, appeler des témoins dont moitié seulement doive signer à l'acte du notaire; ni non plus de l'exception introduite par l'art. 195, *in fine*, de pouvoir prendre pour témoins même *les serviteurs* du notaire instrumentaire. Par contre, il n'est pas, comme lui, empêché de prendre pour témoins ceux même qu'il institue.

La contravention aux dispositions de l'art. 1007 entraînerait la nullité du testament, si elle provenait du fait du légataire lui-même, dans le cas où l'acte de suscription ne serait écrit que sur l'enveloppe.

Le testament mystique fait foi, jusqu'à inscription de faux, de la sincérité de la signature, lorsqu'il est reconnu, par le procès-verbal de description, que le papier ou l'enveloppe qui le renfermaient étaient restés intacts, et qu'il n'y avait pas moyen de commettre une substitution sans altération.

Le testament nul comme mystique vaudra comme olographe, s'il remplit toutes les conditions de cette espèce de disposition.

§ IV.

Du testament Militaire.

Ce testament est celui qui est fait par un soldat en activité de service ou prisonnier chez l'ennemi, ou par un individu employé dans les armées à tout autre titre, et qui *ordinairement* sera hors du territoire français. Par exception, ce sera celui fait par un soldat en activité de service ou par un individu employé dans les armées à tout autre titre, qui se trouvera dans une place assiégée, ou dans une citadelle, ou autres lieux dont les portes seront fermées et les communications interrompues à cause de la guerre (Art. 981-983. C. C.).

Cette espèce de disposition testamentaire jouit de quelques priviléges, mais est assujettie à quatre formalités, qui consistent, savoir :

La première, en ce que ce testament devra être reçu par un officier du grade de chef de bataillon où d'escadron *au moins*, en présence de deux témoins ; ou par deux commissaires des guerres (*depuis la loi du 29 juillet* 1817, *remplacés par les intendans et sous-intendans militaires*), sans que l'intervention de témoins soit nécessaire ; ou encore par un de ces intendans, en présence de deux témoins (981. C. C.); ou enfin, dans le cas de maladie ou de blessure du testateur, par l'officier de santé en chef, assisté du commandant militaire chargé de la police de l'hospice (982. C. C.).

Les deuxième, troisième et quatrième (qui, étant communes aux testamens faits en temps de peste et sur mer, ne seront qu'indiquées aux paragraphes concernant ces deux espèces de testamens, pour éviter d'inutiles répétitions), en ce que ce testament devra être signé par le testateur (ou il sera fait mention de sa déclaration de ne le savoir ou de ne le pouvoir, ainsi que de la cause qui l'empêche de signer); ensemble par ceux qui l'auront reçu ; et au moins, dans le cas où l'adjonction de témoins sera nécessaire, par l'un des deux, avec mention de la cause pour laquelle l'autre témoin n'aura pas signé.

C'est une propriété du testament militaire, et que, par analogie, il faut également appliquer aux testamens faits en temps de peste ou sur mer, qu'il n'est pas nécessaire que les témoins soient *sujets du roi*, pourvu qu'ils ne soient pas notés d'infamie. (Argument de l'art. 40 de l'ordonnance de 1735, et d'une instruction du ministre de la guerre du 24 brumaire an 12.)

Enfin , aux termes de l'art. 984, C. C. , cette espèce de testament ne dure que 6 mois après la levée de l'obstacle qui n'a pas permis que la disposition fût faite suivant le droit commun.

§ V.

Du testament en temps de peste ou de maladie contagieuse.

Ce testament est celui qui est fait par *quiconque* se trouve dans un lieu infecté de peste ou autre maladie contagieuse, et avec lequel toute communication est interceptée.

Comme le testament militaire, il jouit de quelques priviléges et est assujetti aussi à plusieurs formalités, dont presque toutes lui sont communes avec cette première espèce de testament exceptionnel ; il n'a de spécial que les modifications commandées par les circonstances qui lui sont propres ; ainsi, au lieu d'un officier de l'armée, ce sera un juge de paix ou un officier municipal qui devra recevoir le testament dont traite le présent paragraphe. L'art. 987, relatif à la durée de cette espèce de disposition , n'est que la reproduction de l'art. 984 , sauf la spécialité.

§ VI.

Du testament maritime.

Ce testament est celui qui est fait *sur mer*, dans le cours d'un voyage, par *quiconque* se trouve à bord d'un bâtiment du roi ou du commerce (988-995, combinés).

Il est assujetti à onze formalités principales, et à une douzième subordonnée à une circonstance particulière.

1º S'il est fait, à bord d'un bâtiment du roi, par autre que l'officier-commandant, ou l'officier d'administration, il devra être reçu par ces deux fonctionnaires, conjointement ; à bord d'un bâtiment de commerce, par autres que le capitaine, maître, ou patron, ou l'écrivain. il devra être reçu par ces deux chefs, aussi conjointement ; ou, à leur défaut dans les deux cas, par ceux qui les remplacent dans l'ordre hiérarchique ; si, au contraire, il était fait, dans l'une et l'autre hypothèse, par l'un de ces supérieurs, il pourra être reçu par celui qui vient après lui dans l'ordre du service.

2º Il ne pourra être reçu qu'en présence de témoins, au nombre de deux.

3º, 4º et 5º Il devra être signé par le testateur, par ceux qui l'auront reçu, et par les témoins ; sauf, en ce qui concerne les troisième et cinquième formalités, à appliquer les principes établis, en cette partie, au paragraphe du testament militaire.

6º Il devra être fait en double original.

7º Il devra être clos et cacheté.

8º Au retour du bâtiment en France, les deux originaux devront être remis au bureau du préposé de l'inscription maritime.

9º Il sera fait mention de cette remise sur le rôle du bâtiment, à la marge du nom du testateur.

10º Le préposé de l'inscription maritime les fera parvenir au plus tôt au Ministère de la Marine.

11º Le Ministre en fera effectuer le dépôt au greffe de la justice de paix du lieu du domicile du testateur.

La douzième et dernière formalité est subordonnée à la circonstance de l'abordage du bâtiment dans un port étranger où se trouve un consul français. Dans ce cas, ceux qui auront reçu le testament seront tenus d'en déposer l'un des originaux entre les mains de ce fonctionnaire, lequel aura à remplir les mêmes obligations que le préposé envers le Ministre de la Marine, qui, de son côté, devra remplir la formalité du dépôt au greffe de la justice de paix ; d'où résulte la conséquence que le préposé de l'inscription maritime n'aura plus, dans cette hypothèse, à recevoir et à remettre que celui des deux originaux qui sera resté le dernier dans le navire. La formalité de la mention indiquée par le n° 9 reçoit aussi son application dans cette circonstance.

Des formalités ci-dessus énumérées, toutes ne sont pas substantielles.

Deux observations importantes à consigner, c'est que : 1° pour qu'un officier de vaisseau puisse être l'objet de la moindre libéralité, il faut nécessairement qu'il soit parent du testateur (997); 2° le testament fait sur mer ne vaudra que pendant trois mois après que le testateur sera descendu à terre, et dans un lieu où il aura pu le refaire dans les formes ordinaires.

L'art. 994, quoique placé parmi les règles du testament maritime, n'en est réellement qu'une exception, puisque, pour rappeler au principe : *locus regit actum*, il dispose que le bénéfice desdites règles ne profitera pas à celui qui aura testé au temps où le navire avait abordé une terre, soit étrangère, soit de la domination française, où il y avait un officier public français.

§ VII.

Du testament fait par un Français en pays étranger.

Dans l'art. 999 du C. C., le législateur a eu principalement en vue de faciliter aux Français les moyens de tester, car il les autorise à faire des actes de dernière volonté, lors même qu'ils se trouvent en pays étranger.

C'est ainsi qu'il leur permet l'emploi de la forme olographe hors de l'étendue du royaume, et qu'il va jusqu'à accepter les testamens faits dans les formes usitées aux lieux où les testateurs se trouvaient au moment où ils ont disposé.

L'art. 1000 ne traite que de formalités extrinsèques et ultérieures, ayant trait seulement à l'exécution des testamens.

La première disposition de l'art. 999 prend sa source dans le principe que le testament olographe n'a pas besoin de mentionner le *lieu* où il a été fait ; on pourrait presque soutenir qu'en présence du principe, l'autorisation énoncée à cet égard est superflue. En effet, le système contraire eût été lettre morte ; mais le législateur a voulu sans doute éviter la difficulté qui aurait pu être tirée de la règle : *locus regit actum.*

Quant à l'autorisation de tester dans les formes locales, il y en a deux raisons puissantes :

La première, c'est qu'il est ordinairement impossible ou difficile de pratiquer d'autres formes que celles du lieu où l'on est lorsqu'on fait un testament ; il est souvent nécessaire de prendre conseil sur la forme ; or, les personnes publiques, à qui on peut s'adresser, ignorent presque toujours les formes d'un autre pays : c'est donc pour la convenance et pour la commodité qu'on a établi que le Français se servirait de celles du pays où il dispose ; et comme il est à propos que les formes soient certaines, le législateur n'a pas même laissé au Français se trouvant à l'étranger le choix entre celles de son pays et celles de la localité.

La seconde, c'est que les officiers et les autres personnes publiques, qui ont caractère pour recevoir un testament, tiennent ce caractère de la loi de leur pays pour l'exercer en la forme qu'elle a établie ; ils sont donc obligés de s'y assujettir, et le Français qui emprunte le secours de leur ministère est, en quelque sorte, obligé de son côté de l'employer conformément aux règles qu'elle leur donne.

Ainsi, et pour résumer cette dernière partie des dispositions de l'art. 999, disons que ce serait un vice essentiel si, dans les pays étrangers, les officiers publics ou autres personnes aptes à recevoir les actes de dernière volonté, n'avaient pas accompli, à l'égard d'un de ces actes passé par un Français, ce que leurs lois nationales prescrivent.

Section III. — *Des institutions d'héritiers, et des legs en général.*

Après avoir traité de la forme des testamens, le législateur s'occupe des dispositions qu'ils contiennent, c'est-à-dire des legs et de leurs effets. Faisons observer en passant que *legs* vient de *lex;* aussi, trouvons-nous dans le plus ancien des monumens législatifs qui nous soient parvenus, la Loi des 12 Tables, cette formule impérative : *uti legassit, ita jus esto.*

Suivant l'article 1002, *in fine*, des règles spéciales sont établies sur les différentes espèces de legs. Nous allons les examiner sous chacune des sections y relatives. Mais relatons ici ce principe général : *les particuliers ont la libre disposition des biens qui leur appartiennent* (537 C. C.); principe dont les dispositions de l'art. 1021, spécial à notre matière, comme aussi celles de l'art. 1599, au titre de la vente, ne sont que des applications qu'il était peut-être inutile d'indiquer. Un autre et double principe, spécial à notre matière, et qui, pour être placé dans le Code sous les rubriques *des legs particuliers, et de la révocation des testamens*, n'embrasse pas moins les trois espèces de dispositions testamentaires, est celui que nous signalent la première partie de l'art. 1014 et l'art. 1041 combinés, relativement aux legs *purs et simples* ou *à terme.*

Constatons aussi que le testateur peut imposer à son légataire, sous quelque dénomination qu'il l'ait institué, telle charge ou condition qu'il juge convenable, pourvu qu'elle ne soit ni impossible à remplir, ni contraire aux lois ou aux mœurs (900 C. C.).

Sections IV, V et VI.

Les dispositions testamentaires se divisent en trois espèces, dont chacune a sa dénomination particulière ; ainsi on distingue entre eux le legs *universel, à titre universel* et *particulier.*

Le legs universel est la disposition testamentaire par laquelle une personne a donné à une ou plusieurs autres conjointement la généralité des biens qu'elle a laissés à son décès.

Le legs à titre universel est la disposition testamentaire par laquelle une personne a donné à une autre une part fixe des biens
qu'elle a laissés à son décès.

Le legs particulier est la disposition qui ne constitue ni l'une ni
l'autre de ces deux espèces de legs.

La nature des legs ne varie pas selon la qualité des héritiers désignés par la loi ; seulement, lorsqu'au décès du testateur il y a des
héritiers *à réserve*, le légataire, *quel qu'il soit*, ne peut se mettre
en possession de son legs sans en demander la délivrance à ces héritiers (913—915, 1004, 1011 et 1014, *in fine*, C. C.) ; tandis
que si le testateur n'a pas laissé de réservataires, le légataire universel jouit alors d'un avantage qui est refusé aux deux autres espèces
de légataires, et cela parce que c'est à lui qu'à défaut de réservataires échoit alors la *saisine*, ou, pour nous servir de l'expression de
Dumoulin, la *possession* de la succession (1006, même C.).

Observons que dans le cas de l'art. 1006, si le titre qui institue le
légataire universel n'est qu'olographe ou mystique, ce légataire devra
présenter, au président du tribunal civil dans l'arrondissement duquel la succession sera ouverte, une requête à l'appui de laquelle il
joindra expédition de l'acte de dépôt du testament, dressé conformément à l'art. 1007, et se faire envoyer en possession de la succession
par une ordonnance de ce magistrat, mise au bas de la requête (1008).
Quant aux autres légataires, comme la saisine est incompatible avec
des droits essentiellement exclusifs de l'éventualité à l'universalité
des biens, ils devront, à défaut de légitimaires, demander la délivrance de leurs legs aux légataires universels, ou à tous autres qu'ils
trouveront saisis de la succession, ou dont, au cas de déshérence, ils
auront provoqué et obtenu la nomination aux fonctions de curateurs.

Pour que la jouissance de la portion disponible remonte, au profit du légataire universel, au moment du décès du testateur, il faut que, au cas de l'art. 1004, la demande en délivrance ait été formée en justice dans l'année depuis cette époque ; autrement la jouissance dont s'agit ne commencerait que du jour de ladite demande, ou du jour que la délivrance aurait été volontairement consentie (1005). Il en sera de même à l'égard du légataire universel (Arg. de 1012). Mais il en est tout autrement à l'égard du légataire particulier, lequel, en principe, ne peut se mettre en possession utile de la chose léguée, ni en prétendre les fruits, qu'à compter du jour de sa demande en délivrance, ou du jour que cette délivrance lui aurait été volontairement consentie (1014, § 2) ; si ce n'est lorsque le testateur aura expressément manifesté sa volonté à cet égard, *in ipsomet testamento*, ou lorsqu'une rente viagère ou une pension aura été léguée à titre d'alimens, cas auxquels les fruits de la chose léguée courront au profit du légataire non-seulement dès le moment du décès, mais sans même qu'il en ait formé de demande en justice (1015).

Il est une troisième espèce de legs non indiquée par le Code, dans laquelle les fruits devront courir, au profit du légataire, du jour même du décès du testateur, sans que le légataire ait eu besoin de former de demande.

Les legs universels et à titre universel diffèrent des legs particuliers en ce que les premiers sont tenus des dettes et charges de la succession, tandis que les derniers ne le sont pas (1009-1012-1024. C. C.) ; c'est l'application de la règle romaine : *æs alienum universi patrimonii, non singularum rerum, onus est*. Mais de cette autre règle romaine : *bona non intelliguntur nisi deducto ære alieno*, il peut arriver que les légataires, même de choses particulières, soient tenus indirectement desdites dettes et charges (Argument de la dernière disposition de 1024). Le principe que les legs particuliers sont affranchis des dettes et charges de la succession, souffre plusieurs exceptions ; ainsi, la deuxième disposition de 1024, combinée avec la dernière de 1009 et avec 926, nous montre le légataire particulier obligé de subir une réduction de son legs dans le cas où le testateur a, dans ses dispositions, excédé la portion disponible. Nous en trouvons une autre dans l'art. 1020; enfin, il tombe sous le sens que le testateur, dont il faut dire, toutes les fois qu'il ne viole pas l'art. 900 : *quidquid dicat et erit lex*, peut modifier le principe, soit expressément, soit tacitement.

Les dettes et charges, diminuant la masse des biens, doivent porter également sur chacune des personnes ayant des droits auxdits biens, au prorata de la part dont elles profiteront dans la succession; par conséquent, le légataire universel en concours avec un légataire à titre universel, ou un héritier à réserve, et même avec l'un et l'autre (car l'art. 1011 suppose implicitement la possibilité de ce triple concours), ne les supporte pas intégralement; seulement, par suite du principe *bona non intelliguntur*, soit lorsque la dette est, dès sa naissance, conservée par une hypothèque, soit lorsque, n'étant que chirographaire, le créancier a rempli les formalités prescrites par les art. 878 et 2111 du C. C., tous et chacun de ces prenant part aux biens sont tenus desdites dettes et charges hypothécairement pour le tout (1009-1012 et 1017 combinés).

Pour concilier le concours du légataire uuiversel avec un ou plusieurs légataires à titre universel ou particulier, il faut observer que le legs universel ne consiste pas seulement dans la transmission des biens, mais qu'il a parfois pour effet de conférer la saisine, et de mettre le légataire *loco heredis ;* les autres dispositions sont considérées comme des charges, dont le legs universel se trouve affecté.

Toutefois, et malgré l'assimilation du légataire universel à l'héritier, il existe toujours cette notable et triple différence : d'une part, que, lorsque l'héritier est réservataire, la saisine lui appartient toujours et tellement que le testateur, lui-même, ne pourrait l'en priver, tandis que le légataire universel n'a droit à cette saisine qu'à défaut de réservataires; d'autre part, que l'universalité des biens donnés au légataire, peut être épuisée par les autres dispositions du testateur, de telle sorte que ce légataire ne soit en réalité qu'un quasi-exécuteur testamentaire, tandis que, dans aucun cas et sous aucun prétexte, la part réservée par la loi à l'héritier ne peut être entamée; enfin, que dans le concours de l'héritier à réserve avec le légataire universel, celui-ci est tenu de tous les legs, sauf seulement la réduction au cas d'excès, tandis qu'au contraire le réservataire en est si peu touché que c'est devant son droit que s'efface ainsi partie des droits, non-seulement des légataires à titre universel ou particulier, mais du légataire universel lui-même (argument des articles précités); peut-être pourrait-on soutenir que, par une espèce de compensation, le légataire universel n'est pas tenu des dettes et charges *ultrà vires*, encore bien qu'il n'ait pas déclaré n'accepter que sous bénéfice d'inventaire.

Les dispositions de l'art. 1013, qui déterminent la position respective du légataire à titre universel et de l'héritier naturel, eu égard à l'acquittement des legs particuliers, lorsque le testateur n'aura disposé que d'une quotité de la portion disponible, doivent n'être entendues que sous l'influence du principe d'inaliénabilité de la réserve et de celui qui n'en est que le corollaire, à savoir : que les legs n'affectent jamais que la portion disponible.

Le principe que les débiteurs d'un legs, héritiers ou légataires, n'en sont personnellement tenus que chacun au prorata de leur émolument, souffre exception : 1° lorsque la chose léguée est indivisible; 2° lorsqu'il s'agit d'un corps certain; 3° lorsque, selon l'intention du testateur, le legs ne doit pas être acquitté partiellement.

Le legs d'une chose comprend naturellement celui des accessoires, sans lesquels elle ne pourrait servir à son usage ordinaire (première disp. de 1018); et de plus, (conf. à la dern. disp. du d. art. combinée avec les art. 1014 et 1020, mais contrairement à la loi romaine, qui présumait que le testateur n'avait voulu léguer la chose qu'af-

franchie de tout droit d'hypothèque ou de gage; en un mot, telle
que le légataire pût être mis : *in vacuam possessionem*). La chose doit
être délivrée au légataire dans l'état où elle se trouvait au jour du
décès du *de cujus*. Il suit de cette dernière prescription du Code, que
le légataire profitera, *sauf les modifications exprimées par l'art.* 1019,
ou souffrira, des changemens survenus à la chose pendant la vie du
testateur, de quelque cause qu'ils proviennent; et que, postérieure-
ment au décès de celui-ci, tout débiteur du legs sera tenu d'indem-
niser le légataire de la moins-value de la chose léguée, provenant
de son fait.

L'art. 1022 prévoit le cas du legs d'une chose *indéterminée* fait
par un testateur qui, ayant gardé le silence sur celui du légataire
ou de l'héritier qui devait avoir le choix, a conséquemment laissé ce
choix à ce dernier, à cause de son rôle de débiteur, et posé pour
règle, dans cette hypothèse, que le débiteur ne sera pas obligé de
donner la chose léguée de la meilleure qualité, comme aussi qu'il
ne pourra l'offrir de la plus mauvaise; mais, il en faut dire autant
au cas inverse, celui où le choix de la chose est donné au légataire,
et décider qu'il ne pourra l'exiger de la meilleure qualité. Un simple
fait peut être la matière d'un legs, pourvu que le légataire y ait intérêt.

Enfin, le législateur français tranche, ici (art. 1023) et fort sage-
ment, une difficulté qui, à en juger par la peine qu'elle a donnée aux
plus habiles de nos interprètes du droit romain, a dû faire le déses-
poir de leurs maîtres eux-mêmes, lorsqu'il dit : *le legs fait au créan-*
cier ne sera pas censé en compensation de sa créance; et il ajoute qu'il
en est de même du legs fait aux domestiques, par rapport à ses gages.

L'art. 1016, dont les dispositions eussent dû trouver place parmi
les règles générales de la matière, distingue les frais de la demande
en délivrance des legs, d'avec les droits d'enregistrement auxquels
ils donnent ouverture, pour décider, en principe, que ceux-ci seront
supportés par les légataires, tandis que ceux-là resteront à la charge
de la succession, pourvu toutefois que la réserve légale n'en souffre

pas. Enfin, il s'occupe de l'intérêt de chacun des légataires en particulier en autorisant l'enregistrement séparé de chaque disposition,
au profit de celui qu'elle concernera.

Section VII. Des exécuteurs testamentaires.

Comme il y a souvent, dans les testamens, des dispositions dont
l'exécution dépend de la seule bonne foi des héritiers, et que plusieurs manquent de s'en acquitter, il est libre aux testateurs d'en
charger d'autres personnes qu'on appelle : *exécuteurs testamentaires*
(Domat.)

Il peut en être nommé un ou plusieurs (1025); s'il y en a plusieurs
qui aient accepté, un seul pourra agir au défaut des autres, et ils
seront, en principe, solidairement responsables du compte du mobilier qui leur aura été confié (1033.).

Sans doute, c'est de l'obligation imposée aux exécuteurs testamentaires de rendre compte de leur gestion (1031 *in fine*, et 1033), que
sont nées les exclusions des fonctions d'exécuteurs testamentaires
prononcées par l'art. 1028, contre ceux qui ne peuvent s'obliger; par
l'art. 1029, contre les femmes mariées, même séparées de biens, dans
le cas où elles n'auraient point obtenu ou le consentement de leurs
maris ou l'autorisation de justice; et par l'art. 1030, contre les
mineurs, même émancipés, sans qu'aucune autorisation puisse rele-
ver ceux-ci de leur incapacité à cet égard, laquelle est absolue;
mais, ce n'en est pas moins, en ce qui concerne la femme séparée de
biens, une restriction aux droits qui procèdent en sa faveur, du
§ 2. de l'art. 1449; et, par rapport aux différentes classes de personnes dont s'agit, une dérogation formelle aux disp. de l'art. 1990.

L'exécution testamentaire n'est autre chose qu'un mandat, aussi
tout ce qui est relatif à la nature de cette espèce de contrat lui est-il
applicable; toutes les causes qui tiennent à l'extinction du mandat,
(voy. not. 1032) *ex persona mandatarii*, lui sont-elles communes;
seulement, c'est un mandat plus rigoureux que le mandat ordinaire,

en ce que ce n'est jamais à celui qui l'a donné que le compte en est rendu, et que la personne du mandataire est véritablement imposée à ceux qui doivent recevoir ce compte.

L'art. 1026 nous révèle une des attributions ordinaires de l'exécution testamentaire, attribution aujourd'hui purement facultative de la part du testateur, à la différence de ce qui avait lieu généralement avant le Code : c'est la saisine. Toutefois, cette saisine n'étant que l'usage d'une faveur que la loi fait au testateur, celui-ci peut bien la restreindre, mais non l'étendre ; aussi, ne pourrait-il la donner pour un temps qui excéderait l'an et jour, à compter du décès, et ne pourra-t-elle avoir pour objet que le mobilier seulement, soit en totalité, soit en partie ; bien plus, cette attribution exorbitante ne demeurera-t-elle dans les mains de l'exécuteur testamentaire pendant cette période de temps, qu'autant que l'héritier ne l'aura pas fait cesser, en offrant de lui remettre somme suffisante pour le paiement des legs mobiliers, ou en justifiant de ce paiement (art. 1027).

Enfin, les exécuteurs testamentaires devront remplir toutes les formalités dictées par l'art. 1031 ; et, comme il était juste que cela fût, les dépenses occasionées par ces opérations seront employées en frais de mandat, partant supportées par la succession, *quæ mandantis defuncti personam sustinet* (1034).

Il faut, toutefois, se garder d'interpréter le dernier § de l'art 1031, en ce sens, que l'exécuteur testamentaire ne puisse, dans aucun cas, supporter personnellement des dépens.

QUESTIONS.

Y a-t-il antinomie entre la loi 25 *de liberatione legata* et la loi 75 § 2 *de legatis* 1°?.. Ce que cette même loi 75 § 2 décide, par rapport au legs d'une somme que le testateur dit faussement lui être due, soit par le légataire lui-même, soit par un tiers, peut-il s'appliquer au legs d'une somme que le testateur déclare, aussi faussement, devoir au légataire?..

La règle établie par l'art. 1006 du C. C. souffre-t-elle exception ?

Les prescriptions des art. 1011 et 1014 du C. C., desquelles il résulte que les légataires à titre universel ou particulier devront toujours demander la délivrance de leurs legs, sont-elles tellement absolues qu'elles ne souffrent aucune exception?

La disposition de l'art. 1026 du C. C., par laquelle le législateur limite à l'an et jour, *à compter du décès,* la saisine que le testateur peut donner à l'exécuteur testamentaire, reçoit-elle exception?

Nonobstant la disposition du § 2 de l'art. 1031 du C. C., le testateur peut-il dispenser l'exécuteur testamentaire de la formalité de l'inventaire?

Aux questions que nous venons de formuler, il en est une foule d'autres qui naissent des matières qui nous étaient données, et que nous aurions pu et peut-être dû ajouter pour faire un travail complet; telles, par exemple, que celles de savoir :

Si les art. 503 et 504 du C. C. sont, ou non, étrangers aux dispositions à titre gratuit?

Si les dispositions de l'art. 604, du même Code, forment, pour le légataire d'un droit d'usufruit, une exception à celles de l'art. 1014 dudit Code?

S'il est, ou non, nécessaire de faire mention spéciale de la présence des témoins, à la réception du testament par acte public (972, C. C.)?

Si le legs de la quotité disponible doit, dans tous les cas, avoir les effets entiers du legs universel proprement dit?

Et tant d'autres, sur lesquelles la division des jurisconsultes les plus illustres, et quelquefois de nos habiles professeurs eux-mêmes, n'a pas permis à notre faiblesse de prendre encore parti!

Il en est une toutefois, à l'occasion de laquelle nous ne pouvons résister au besoin d'exposer notre propre doctrine, parce qu'elle est d'autant plus grave que, s'il est vrai de dire qu'elle intéresse, au plus haut degré, et les familles et la classe la plus nombreuse d'officiers publics, il faut ajouter que : *cottidiana enim esse potest;* parceque, enfin,

la solution que nous en proposons est le résultat de nos consciencieuses recherches, et qu'il nous serait peut-être permis d'invoquer,
à son sujet le bénéfice des dernières dispositions de l'art. 716 du
C. C. ; c'est la question de savoir si, de ce que l'art. 976 de ce Code
dit que le notaire *dressera* l'acte de suscription du testament mystique de celui qui *peut parler*, tandis que l'art. 979 dudit Code, dans
lequel il s'agit du testament mystique de celui qui *ne peut parler*,
veut qu'il *écrive* cet acte, il résulte une différence par suite de laquelle le testament serait valable dans le cas du premier de ces articles, encore bien que le notaire n'eût pas écrit *de sa main* l'acte
dont s'agit, lorsqu'au contraire il serait nul dans le cas du second
desdits articles ?

Nous savons parfaitement que M. Toullier n'a exprimé que des
doutes sur la question, et nous n'ignorons pas non plus que le savant
auteur du *Cours de Droit français* l'a résolue d'une manière affirmative ; mais, nous n'en soutenons pas moins que toute controverse,
toute hésitation, doivent disparaître devant un sérieux examen et
en présence d'un texte formel.

En effet, si d'une part on n'aperçoit pas le motif qui aurait pu
dicter au législateur la distinction qu'on voudrait trouver dans la
prescription des art. 976 et 979, tandis qu'on ne peut se refuser à
voir, dans l'obligation, par le notaire, d'écrire lui-même l'acte de
suscription, une garantie de la sincérité de cet acte, équivalente à
celle prise pour le testament par acte public ; comment, d'autre
part, soutenir la proposition affirmative lorsqu'on se reporte à l'origine des deux articles dont s'agit, qu'on reconnaît qu'ils ont été copiés textuellement, et sans intelligence peut-être, sur l'ordonnance
de 1735 (art. 9 et 12), et que l'on jette les yeux sur les trois déclarations rendues en interprétation de cette ordonnance par le roi,
alors législateur : la première, le 24 mars 1745 ; la deuxième, le 26
janvier 1751 ; et la troisième et dernière, le 26 mars de la même année, par lesquelles il déclare pour les provinces de droit écrit, les

seules où s'était élevé le doute que semble reproduire la rédaction des deux articles du Code Civil, que, «interprétant, en tant que de « besoin, l'art. 9 de l'ordonnance de 1735, il veut que les suscrip- « tions des testamens mystiques ne puissent être écrites *que de la* « *main du notaire*, etc. ; et ce, sous la peine de nullité, portée par « l'art. 47 de ladite ordonnance. »

Or, si notre art. 976 n'est que la reproduction de l'art. 9 de l'or- donnance de 1735 et ne doit pas avoir un autre sens que celui-ci, nous avons un art, 1001 pour remplacer l'art. 47 de cette ordonnance.